Ogün Ürek

Kant'ta Saygı Kavramı

Ogün Ürek

Kant'ta Saygı Kavramı

Türkiye Alim Kitapları

Impressum / Yayınevi adı
Bibliografische Information der Deutschen Nationalbibliothek: Die Deutsche Nationalbibliothek verzeichnet diese Publikation in der Deutschen Nationalbibliografie; detaillierte bibliografische Daten sind im Internet über http://dnb.d-nb.de abrufbar.

Deutsche Nationalbibliothek tarafından yayınlanan bibliyografik bilgiler: Deutsche Nationalbibliothek, bu yayını Deutsche Nationalbibliografie'de listeler; detaylı bibliyografik bilgi İnternet'te http://dnb.d-nb.de sitesinde mevcuttur.

Coverbild / Kitap kapağı resmi: www.ingimage.com

Verlag / Yayıncı:
Türkiye Alim Kitapları
ist ein Imprint der / yayınevinin bir ticari markasıdır
OmniScriptum GmbH & Co. KG
Heinrich-Böcking-Str. 6-8, 66121 Saarbrücken, Deutschland / Almanya
Email / E-posta: info@turkiye-alim-kitaplary.com

Herstellung: siehe letzte Seite /
Basım yeri: son sayfaya bakın
ISBN: 978-3-639-67228-2

İçindekiler

Giriş

Bilgi ortaya koyma çalışmalarının yapıldığı her alanda, henüz tasarı halinde olan bir düşüncenin bütünlük gösteren bir görüş olarak ortaya çıkabilmesi, o düşüncenin kendisinden önce ortaya konmuş olan görüşlerle bir hesaplaşma içine girmesini gerektirir. Bilgi alanındaki birçok görüşün bir hesaplaşma sonucunda ortaya çıkması, görüşler arasında sıkı bir bağın oluşmasına yol açar. Böylece görüşler arasında bir bağın bulunmasıyla da tek tek görüşlere bakabilme ve sonuçta bir değerlendirme olanaklı hale gelir. Çünkü bir görüşü değerlendirmek her şeyden önce o görüşün diğer görüşler arasındaki yerini görmek ve göstermekle olur. Onun bu yeri ise, ilgili olduğu alanda "ilerletici", "yol açıcı" bilgiler getirip getirmemesiyle yakından ilişkilidir. Bu alanda varolan bilgilerin ötesinde "yeni" bilgiler getiren ya da getirdiği bilgilerle yeni bilme ve eyleme olanaklarının açılmasına veya görülmesine katkıda bulunan görüşler, "yeni" olarak nitelenirilecek görüşlerdir. Ancak bu anlamda yeni görüşler, diğerleri arasında kalıcı bir yer tutar; ancak böyle bilgilere dayanan görüşler, "yeni" ve "daha ileri" görüşlere yol açar. Bu türden olmayanlar ise, çoğu zaman öncekileri tekrarlayan, hatta bazen onların da gerisine düşen; çok defa da bilginin "ilerlemesi"ni engelleyici bir rol oynayan görüşlerdir.

Bu bakış açısıyla, felsefenin en eski ve ana dallarından birisi olan etiğin tarihine bakıldığında, bu alanda ortaya konan görüşler arasında, Kant'ın etik görüşünün önemli bir yere sahip olduğu görülür. Öyle ki Kant'ın etik görüşü, etik tarihinde bir dönüm noktasıdır. Kant'ın etik görüşünün etik tarihinde sahip olduğu yeri görebilmek için de öncelikle Kant öncesi etik görüşlere bakmak gerekir.

Kant öncesi etik görüşler, her ne kadar birbirinden farklı görüşler olsa da, hemen hemen hepsi aynı ilkeden hareket ederler. Bu görüşlere göre, bütün insan eylemlerinin son amacı mutlu olmaktır. Bu nedenle "mutluluğa ulaşmak için ne gibi araçlara, yollara başvurmak gerekir?" sorusu, Kant öncesi etik görüşlerin cevap aradığı temel sorudur. Bu görüşler arasındaki ayrılıklar ise en temelde bu soruya verilen cevaplar arasında ortaya çıkar. Bundan dolayı mutluluk anlayışı, bütün etik tarihi boyunca hep çeşitli biçimlerde ortaya çıkmıştır.

Bu alanda çalışmaların yapıldığı ilk zamanlarda, mutluluk anlayışı çoğu zaman sadece duygusallığa dayanır. Bu da mutluluğun daha başlangıçta hazcılık (hedonism) biçiminde ortaya çıkmasına yol açar. Bunun en tipik örneği Kyrene Okulunun kurucusu olan Aristippos'tur. Ona göre, haz biricik "iyi" olandır, yaşamın amacı da en yüksek hazza ulaşmaktır; en yüksek haz da en yoğun hazdır. Epikouros'ta ise, en yüksek haz en yoğun olan değil, sürekli olan, bütün yaşam boyunca sürebilecek olan hazdır; ruhun sarsılmazlığı olan mutluluk en yüksek değerdir. Stoa felsefesinde, mutluluk erdemle özdeştir. Bu görüşle birlikte hazcılık ortadan kalkar. Onlara göre, haz bir duygulanımdır; duygulanımlar ise insanı köleleştiren, yenilmesi gereken şeylerdir. Mutluluk kişinin kendisine egemen olmasında ortaya çıkar (Akarsu 1982:21).

Yeniçağla birlikte modern toplumun, modern devlet ve hukuk anlayışlarının ortaya çıkmasıyla, mutluluk anlayışı kişiden topluma yönelir. Bu görüşlerde, kişinin değil, toplumda olabildiğince çok sayıda insanın olabildiğince çok mutlu olması söz konusudur. Dolayısıyla herkesin mutluluğunu arttırmayı kendine amaç yapan şey iyidir, ya da topluma mutluluk getiren şey iyidir. Devletin de bütün amacı, toplumdaki bütün insanları mutlu etmek olmalıdır. (Akarsu 1982:21).

İşte, ilk kez Kant, insan eylemlerinin son amacını mutlulukta gören bu tür anlayışlarla insanın ahlâksal yaşamının incelenemeyeceğini açık bir şekilde gösterir. Ona göre, mutluluk anlayışları çok değişiktir, kişiden kişiye farklılık gösterir. Böylece mutluluk anlayışları farklılık gösterdiğine göre eylemlerimizin "iyi" olması ya da olmaması da değişecektir. Birisinin "iyi" bulduğu bir eylemi, başka birisi "iyi" bulmayacaktır.

Etiği böyle bir durumdan kurtarma çabasında olan Kant, ahlâkın temelinin mutluluk gibi, kişiden kişiye, durumdan duruma göre değişen bir kavrama bağlamanın doğru olmadığını göstermeye çalışır. Ona göre, ahlâkın temelini, herkes için aynı kalan, herkes için değişmeyen bir yasa oluşturmalıdır. Bundan hareketle Kant, bu yasayı ortaya koyma çabasında, bütün içerikli pratik ilkeleri bir kenara iter. Çünkü "arzulama yetisinin bir nesnesini (içeriğini), istemeyi belirleyen neden olarak varsayan bütün pratik ilkeler istisnasız olarak deneyseldirler ve pratik yasalar sağlamazlar" (Kant 1994:23). Böylece Kant, bütün akıl sahibi varlıkların istemesini belirleyebilecek olan bir yasanın, ancak, istemenin içeriği bakımından değil, sırf biçimi bakımından belirlenmesinin bir nedenini taşıyan nitelikte bir yasa olabileceğini ortaya koyar. Bu yasa da bir tektir ve şu şekilde dile getirilebilir: "Öyle eyle ki, senin istemenin maksimi, hep aynı zamanda genel bir yasamanın ilkesi olarak da geçerli olabilsin" (Kant 1994:35) Kant, "ahlâk yasası" dediği bu yasayı temel alarak "pratik buyruğu" da şu şekilde ortaya koyar.

> *Her defasında insanlığa, kendi kişinde olduğu kadar başka herkesin kişisinde de sırf araç olarak değil, aynı zamanda amaç olarak davranacak biçimde eylemde bulun (Kant 1982:46).*

Kant'a göre, eylemlerin bütün ahlâksal değerini belirlemede biricik ölçüt olan ahlâk yasası, aynı zamanda özgür istemeyi doğrudan belirleyecek nitelikte olan tek yasadır. Çünkü,

İstemenin belirlenmesi, ahlâk yasasına uygun olmakla birlikte ne türden olursa olsun yalnızca bir duygu -ahlâk yasası istemenin yeterli bir belirlenme nedeni olabilsin diye, varsayılması zorunlu olan bir duygu- aracılığıyla oluyorsa, yani yasa uğruna olmuyorsa, o zaman eylem gerçi yasallık içerecek, ama ahlâklılık içermeyecektir (Kant 1994:79).

Ahlâk yasasının istemeyi belirlemesinde önemli olan, istemenin özgür olarak, yalnızca duygusal eğilimlerin etkisinden uzak olarak değil, aynı zamanda bu eğilimleri geri çevirerek ve yasaya aykırı olduğu takdirde her türlü eğilimi engelleyerek, yalnızca yasayla belirlenmesidir. Ahlâk yasası, yapısından dolayı, istemeyi belirleme amacıyla kendisinden önce gelebilecek olan bütün eğilimleri -ben sevgisini, özellikle de kendini beğenmişliği- engellediğinden, yani kişiye kendi gözünde küçük düşürdüğünden, en büyük saygının konusudur. Bu saygı, ahlâk yasasına karşı duyulan bir saygı olduği için de, Kant, bu duyguya "ahlâk yasasına saygı duygusu" (Kant 1994:81) der.

Bu çalışmanın amacı, Kant'ın pratik felsefesinin bütününü göz önünde tutarak, saygı duygusunun özelliğini ortaya koymaktır. Dolayısıyla amaç bu olunca, yapılacak çalışma, Kant'ta saygı kavramı üzerine bir inceleme olacaktır.

Bu amaçla da, en başta, Kant'ın kendi eserlerine dayanılacaktır. İlk önce, Kant'ın Pratik Aklın Eleştirisi ile Ahlâk Metafiziğinin Temellendirilmesi başlıklı eserleri temele alınarak, Kant'ın etik görüşünün genel bir serimlemesi yapılacak ve saygının pratik felsefesindeki yeri gösterilecektir.

Çalışmanın sonucunda da, Kant'ın etik görüşünde diğer bütün duyguları bir kenara ittiği halde, bir tek duyguyu -"ahlâk yasasına saygı duygusu" dediği duyguyu- ahlâklılığın temeli yapmasıyla ortaya çıkan görünüşteki çelişkinin, aslında bir çelişki olmadığı, ahlâk yasasına saygının, kişinin ahlâksal olarak eğitilmesinin ana koşulu olduğu ortaya konacak ve Kant'ın saygıya böyle bir yer vermesinin etik görüşünün doğal bir sonucu olduğu gösterilecektir.

Birinci Bölüm

Ana Çizgileriyle Immanuel Kant'ın Etik Görüşü

Bu bölümde esas olarak, Kant'ın etik görüşünün genel ve temsil edici bir serimlemesi yapılmaya çalışılacaktır. Bunu yaparken büyük ölçüde onun Ahlâk Metafiziğinin Temellendirilmesi adlı eserinden hareket edilerek, ancak kimi yerlerde, özellikle de bölümün sonuna doğru Pratik Aklın Eleştirisi adlı eserine başvurularak, Kant'ın etik görüşündeki iyi isteme, ödev, özgürlük, ahlâk yasası gibi temel kavramların çözümlemesi yapılacaktır. Kant'ın etik görüşünün bir kavramına ilişkin olarak yapılacak bu çalışma, öncelikle işe, ilgili diğer kavramların çözümlemesini yaparak başlamayı zorunlu kılmaktadır.

Böyle bir yol izlemek, ayrıca, Kant'ın etik görüşünde düşüncelerini ortaya koyarken izlediği yola da uygundur. Kant'ın etik görüşünü oluşturan temel kavramlar ve bu kavramlar arasındaki bağı gösterdiği eseri Ahlak Metafiziğinin Temellendirilmesi olduğundan, bu bölümde, büyük ölçüde bu eserinden hareket edilecektir. Bu eserinde Kant, daha çok ilerde yapacağı pratik aklın eleştirisi için bir hazırlık yapar. Bunun için bu eserinde, insanın doğal yapısından hareketle ahlâklılığın en yüksek ilkesini ortaya koymaya çalışır. Pratik Aklın Eleştirisi'nde ise bunun nerdeyse tam tersi denebilecek bir yol izler Kant. Bu eserindeki amacını da şu şekilde dile getirir:

> *Eleştiriden beklenen, yalnızca, pratik aklın olanaklılığının, kapsamının ve sınırlarının ilkelerini, insanın doğal yapısıyla bağ kurmaksızın, eksiksiz olarak vermektir (Kant 1994:9).*

1. İyi İsteme

Kant'ın etik görüşünün kendisinden önce ortaya konmuş olan etik görüşlerden en temel ayrılığı "iyi nedir?" sorusuna yaklaşımında ortaya çıkar. Kant, "iyi nedir?" sorusunu bir kenara iterek ve "iyi" den "değerli olma"yı anlayarak (Kuçuradi 1971:128), eylemleri değerlendirmede o güne dek alışılmamış bir ölçü verir. Onda "iyi", istemenin bir niteliğidir. İyi olması söz konusu olan eylemin ilkeleri değil, istemedir. Başka değerli niteliklerin ve iyilerin kötüye de kullanılabilmelerine karşılık, iyi isteme kendi başına, doğrudan doğruya iyi olan, koşulsuz değeri olan biricik şeydir. Kant'a göre "dünyada, dünyanın dışında bile, iyi bir istemeden başka kayıtsız şartsız iyi sayılabilecek hiçbir şey düşünülemez" (Kant 1982:8).

Ancak, Kant'taki iyi istemeyi, iyi eylemeyi istemekle ya da iyi duruma erişmeyi istemekle karıştırmamak gerekir. Ona göre, sonucu ne olursa olsun, iyi isteme, iyi eylemeye tam bir içten kararla ona hazır olmada bulunur. Bir eylemin ahlâksal değeri başarısında, sonucunda değil, eylemin arkasındaki düşünüştedir. Bu düşüncesini şöyle dile getirir Kant:

> *İyi isteme, etkilerinden ve başardıklarından değil, konan herhangi bir amaca ulaşmaya uygunluğundan da değil, yalnızca isteme olarak, yani kendi başına iyidir... Yararlılık veya verimsizlik bu değere ne bir şey ekleyebilir, ne de ondan bir şey eksiltebilir. Yararlılık, denebilir ki onu günlük alışverişte daha iyi kullanabilmek veya henüz yeterince bilmeyenlerin dikkatini çekmek için bir çerçeve olur; onu bilenlere salık vermek ve değerini belirlemek için değil (Kant 1982:9).*

Kant, iyi isteme kavramını aydınlatmak ve daha açık bir şekilde belirlemek için iyi isteme kavramını içeren ödev kavramını inceler.

2. Ödev

İyi isteme kavramı, Kant'ın etik görüşünde bundan sonra ortaya koyacağı diğer görüşlerin hiçbir şüpheye yer vermeden sapasağlam ayakta durmasını sağlayacak olan en temeldeki kavramıdır. Çünkü Kant, etik görüşünü bu kavram üzerine kurar. Bu nedenle Kant, iyi isteme kavramını ortaya koyduktan sonra, öncelikle bu kavrama yöneltilebilecek eleştirileri, özellikle de yanlış anlamaları ortadan kaldırmaya çalışır.

İyi istemeyi ahlâklılığının temeline koymakla, etik tarihinde yeni bir görüş ortaya koyduğunun bilincinde olan Kant'a göre, bazı kişiler kendi başına iyi olan isteme kavramının hayal ürünü olduğunu düşünebilir. Bundan dolayı bu kavramı bu açıdan ele almak gerekir. Çünkü böyle bir düşünüş, sonuçta, iyi istemenin değerinin yalnızca insanın mutluluğu için yararlı olanı getirmesinde bulunduğu düşüncesine götürebilir (Kant 1982:9). Ancak Kant'a göre bu noktada bir sorun yoktur. Çünkü ona göre, mutluluk insan yaşamının gerçek amacı ve anlamı olsaydı, her varlığı yaşama amacına uygun olarak kuran doğa, insanı da yalnızca bir içgüdü varlığı olarak yaratırdı. Ancak, aklı ve istemesi olan bir varlıkta doğanın asıl amacı bu varlığın mutluluğu olsaydı, doğa bu amacının gerçekleştiricisi olarak bu varlığın aklını görmekle, pek isabetsiz bir gerçekleştirici bulmuş olurdu. Böyle olunca da:

> *Akıl pratik bir yeti, yani istemeyi etkilemesi gereken bir yeti olarak bize verilmiş olduğundan; doğa, yeteneklerini dağıtırken her yerde amacına uygun davrandığına göre, aklın*

hakikî belirlenimi, başka herhangi bir amaç için araç olarak iyi olanı değil, aklın mutlak gerekli olduğu kendi başına iyi istemeyi ortaya çıkarmak olmalı. Bundan dolayı bu isteme gerçi tek ve tüm iyi olmayabilir; ama yine de en üstün iyidir ve başka herşeyin, hatta her mutluluk isteminin bile, koşulu olmalıdır (Kant 1982:11).

Kant, iyi isteme kavramını aydınlatma ve açığa çıkarma yolundaki çabasına yeni bir boyut kazandırarak şöyle devam eder:

Aklın mutluluğa ve yaşamdan memnun olmağa ilişkin sağladığı düşünülen yararların farfaralı övgülerini pek değersiz gören ya da sıfır sayanların yargısı hiç de acı ya da dünyayı yöneten iyiliğe karşı nankör değildir; tersine bu yargının temelinde, varoluşlarının başka, çok değerli bir amacı olduğu düşüncesi gizlidir ki, akıl mutluluk için değil, asıl bu amaç için belirlenmiştir, bu yüzden de insanın özel amacı en yüksek koşul olarak onun altında durmalı (Kant 1982:11).

İşte Kant, "insanın özel amacı" olarak nitelendirdiği bu amacı açıklığa kavuşturmak için ödev kavramını inceler. Bunun için de insanın doğal yapısından hareketle, iyi istemenin ödevle bağlantısında insan eylemlerini şu şekilde bölümler: Ödeve aykırı olan eylemler ve ödeve uygun olan eylemler.

Kant, ödeve aykırı olan eylemleri, belli bir amaçla yapılıp yararlı olsa bile, bir kenara iter. Çünkü ona göre, bu eylemler ödevle çeliştiğinden, bunların ödevden gelip gelmedikleri de söz konusu edilemez. Ödeve uygun olan eylemlerde ise, gerçekten ödeve uygun olan, ama bir eğilim tarafından yapılan eylemleri de bir kenara iter Kant. Çünkü bu gibi eylemler her ne kadar ödeve uygun olsa da, tıpkı ödeve aykırı olan eylemlerde olduğu gibi bir eğilim tarafından belirlendiklerinden ödev bilinci ile çelişirler. Ona göre asıl güçlük, eylemin ödeve uygun olduğu, öznenin de ayrıca buna doğrudan doğruya bir eğilim duyduğu eylemlerde hangi eylemlerin ödev bilincinden dolayı, hangilerinin de bir eğilimden dolayı yapıldığının ayrımını yapmakta ortaya çıkar. Bu ayrımı göstermek için de bir dizi örnek verir Kant (Kant 1982:12).

Örneğin bir bakkal müşterilerinin hepsine aynı şekilde davranıyor, malını daha pahalıya satmadan herkesten aynı parayı alıyor. Dolayısıyla bu bakkalın eylemi ödeve uygundur. Ancak çok alışverişin yapıldığı bir yerde, zeki bir tüccar da bu bakkal gibi, bütün müşterileri için değişmez bir fiat koyuyor. Öyle ki bir çocuk bile ondan aldanmadan alışveriş edebiliyor. Öyleyse bu tüccar "dürüst" davranıyordur. Ama Kant'a göre, bu tüccarın eylemlerinin ödeve uygun olması, bunları ödevden dolayı ve dürüstlük ilkesinden dolayı yaptığını göstermez. Onun çıkarı öyle gerektiriyor olabilir. Akıllı, kurnaz bir tüccar, çok müşteri çekilsin diye böyle davranabilir. Öyleyse eylemin burada ödevle bir ilgisi yoktur, kendi çıkarlarını düşünmek söz konusudur.

Diğer bir örnekte ise Kant, insanın yaşamını sürdürmesinin ödev olduğunu ve herkesin buna doğrudan bir eğilimi olduğunu öne sürer. Bundan dolayı da çoğu kişi yaşamını ödevden dolayı değil, ödeve uygun olarak sürdürür. Ama Kant'a göre, alın yazısına küsmüş, cesareti kırılmış ve yaşamdan hiçbir tad almamış bir kişi, bu durumdan dolayı ölmeyi isterse, "ama yaşamını, onu sevmeden, eğilimden ya da korkudan değil ödevden dolayı yine de sürdürüyorsa" (Kant 1982:13), ancak, o zaman bu yaptığının ahlâksal değeri var demektir.

Bir başka örnek olarak da Kant Hıristiyanlığın "yakınını sev" buyruğunu gösterir. Ona göre sevgi doğal olarak kendiliğinden vardır, bizim istememize bağlı değildir, dolayısıyla buyurulamaz. Hiç kimse kimseyi bir buyrukla sevemez. O halde eğilim anlamında yakınını sevmek bir ödev olamaz, tam tersine istemenin başkalarına iyilik etmeye hazır olması anlamında yakınını sevmek bir ödevdir. Öyleyse yakınlarını sevmek, onlara karşı ödevlerini yerine getirmek demektir. Bu anlamda yakınını sevmek eğilimden gelen bir sevgi değil, pratik bir sevgi, yani ahlâksal bir sevgidir. Eğilimden gelen sevgi duyularla ilgilidir, ahlâksal sevgi ise istemeyle. Dolayısıyla ancak ahlâksal sevgi buyurulabilir (Kant 1999:92).

Bu örneklerde de görüldüğü gibi, Kant'a göre, bir eylemi ödev olduğu için yaparsak, bizi bu eylemi yapmaya sürükleyen herhangi bir eğilim değil de ödevse, bu eylemin ahlâkça değeri var demektir. Kuşkusuz eğilimin de eylemlerimizde bir etkisi vardır, ama hiçbir zaman ahlâksal eylemi belirleyen neden bu eğilim olamaz.

Kant ödev kavramında olduğu gibi, bundan sonra ortaya koyacağı diğer kavramlarını da gündelik yaşamdan hareketle örneklendirmeye çalışır. Ancak Kant, bu şekilde bir yol izlemesinin, birer deney kavramı olmayan bu kavramların çoğu zaman deney kavramlarıymış gibi görülmesine yol açabileceğine dikkati çeker. Ona göre, ödev kavramı her ne kadar insanın doğal yapısından hareketle çıkarılıyorsa da, bundan bu kavramın bir deney kavramı olduğu düşüncesine varmamak gerekir. Çünkü deney hiçbir zaman gerçek bir ödev eylemini gösteren güvenilir bir örnek veremez. Bundan dolayıdır ki ödev, her deneyden sonra istemeyi a priori nedenlerle belirleyen aklın idaresinde bulunur. Çünkü Kant'a göre:

> *Bütün ahlâk kavramlarının yeri ve kaynağı tamamen a priori olarak akılda bulunur; hem de en yüksek derecede kurgusal olan akılda olduğu kadar sıradan insan aklında da; bu kavramlar deneysel, bundan dolayı da sırf rastlantısal olan bilgilerden çıkarılamaz; bizim için en yüksek ilkeler olmalarını sağlayan derinlikler, kaynaklarının tam saflığında bulunur; her defasında onlara deneysel olandan ne kadar katıyorsak, halis etkilemelerinden ve eylemin sınırsız değerinden de bir o kadar eksiltiyoruz (Kant 1982:27).*

Kant, ödev kavramını en sıradan insan aklında bile bulunan a priori bir kavram olduğunu belirtmekle, bir eylemi ödevden dolayı yapmanın her akıl sahibi varlık için olanaklı olduğunu dile getirmeye çalışır. Çünkü ona göre "her insanın yapmak, dolayısıyla bilmekle yükümlü olduğu şeyin bilgisinin, her insanın -en sıradan insanın bile- işi olduğu, pekâlâ önceden kabul edilebilir" (Kant 1982:19). Bundan dolayı da ödev, istemeye buyrulan şeydir; isteme için ahlâksal bir zorunluktur, yani yükümlülüktür. İnsan için ve yaratılmış her akıl sahibi varlık için yükümlülükte temelini bulan her eylemi, bir davranış biçimi olarak değil, ödev olarak tasarlamak gerekir (Kant 1994:90).

Böylece iyi isteme kavramından yola çıkarak ödev kavramını ortaya koyan Kant, sonuçta bu iki kavramın bağlantısını göstererek etik görüşünün temeline koyar. Ona göre:

> *Ödevden dolayı yapılan bir eylem, ahlâksal değerini, onunla ulaşılacak amaçta bulmaz, onu yapmağa karar verdirten maksimde bulunur; dolayısıyla bu değer, eylemin nesnesinin gerçekleşmesine değil arzulama yetisinin bütün nesneleri ne*

olursa olsun, eylemi oluşturan istemenin yalnızca ilkelerine bağlıdır (Kant 1982:15).

Bu temelden hareketle de Kant, etik görüşünü ortaya koymasındaki asıl amacı olan, bütün akıl sahibi varlıkların istemesini zorunlulukla belirleyecek, yani onlara yükümlülük getirecek olan yasayı ortaya koymaya çalışır.

Ancak Kant'a göre, bu noktaya gelmeden önce şu sorunu çözmek gerekir: Bir eylemi ödevden dolayı yapmak nasıl olanaklıdır? Ona göre bu sorunun cevap aradığı şey, eylemin gerçekleşmesinin nasıl olanaklı olduğu değil, istemeyi zorlamanın nasıl olanaklı olduğudur. Kant için bu da ancak özgürlüğü bütün akıl sahibi varlıkların istemesinin özelliği olarak varsaymakla olanaklıdır. (Kant 1982:33).

3. Özgürlük

Özgürlük, bütün felsefe tarihi boyunca, hemen hemen her filozofun üzerine düşünmekten ve sonuçta görüşlerini ortaya koymaktan kendini alamadığı bir kavramır. Ancak en temelde cevap verilmesi gereken soru gözden kaçırıldığından dolayı, ortaya konan görüşler arasında büyük bir ayrılık göze çarpar. Özgürlük sorununa ilişkin olarak, felsefe tarihinde ortaya konan görüşlerden birçoğu "insan özgür müdür, değil midir?" ya da "özgürlük var mıdır, yok mudur? biçiminde sorulan sorulara cevap vermeye çalışır. Oysa ilk kez Kant, "insan özgür müdür?" ya da "özgürlük var mıdır?" biçiminde sorulan sorulara doğrudan bilgisel bir cevap verilemeyeceğini göstermeye çalışarak, özgürlük sorununa farklı bir yaklaşım getirir. Ona göre bu ve benzeri sorulara cevap vermek için, öncelikle "özgürlük nedir?" sorusuna cevap vermek gerekir. Ona göre özgürlük ise, insanın sahip olduğu bir olanağa ilişikin olarak insanın aklının ürettiği bir idedir. Bu ideyi de birbirini tamamlayan iki farklı anlamda ele alır Kant: Negatif anlamda veya transsendental özgürlük ve pozitif anlamda isteme özgürlüğü.

Özgürlük, Kant felsefesindeki önemli kavramlardan birisidir. Öyle ki, Pratik Aklın Eleştirisi'ne yazdığı Önsözde Kant, özgürlük kavramının felsefe sisteminde bir kilit taşı görevini gördüğünü söyler (Kant 1994:4). Ancak Kant'ın özgürlüğe ilişkin olarak ilk düşünceleri, Saf Aklın Eleştirisi'nin "Transcendental Dialektik" başlıklı bölümünde bulunur. Bu bölümde Kant, Tanrı, ölümsüzlük ve özgürlük ideleri üzerinde dogmatik kurgulardan kurulu bir metafiziği eleştirerek, bu çeşitten bir metafiziği bilim olarak olanaklı olmadığını göstermeye çalışır. Ancak bu kitapta Kant'ın asıl amacı, duyularüstü olanın bir bilimi olarak ortaya çıkan metafiziğin saf akla dayanan tanıtlamalarının yanlışlığını ortaya koymak değil bu gibi sorulardan kaçınamayan aklın yapısını araştırmaktır.

Ona göre, ister teorik, ister pratik kullanılışı gözönünde tutulsun, saf aklın her zaman bir dialektiği vardır; çünkü akıl, verilmiş koşullu bir şeyin koşullarının mutlak olarak tümünü arar. Ama mutlaka olana, koşulsuz olana da görünüşler alanında rastlanamaz; çünkü bu alanda her şey koşulludur, her şey birbirine bağlıdır; mutlak olana ise “noumenon” alanında rastlanabilir. Bu alansa bize görülür bir biçimde verilmemiş olduğundan bizce görülenemez. Bu da koşulsuz olanı görünüşler alanında aramaya zorlar. Oysa bu yoldaki her şey bir kuruntudur. Akıl bu kuruntulara her zaman düşer, akıl için kaçınılmaz bir şeydir bu. Bundan da aklın bir dialektiği, aklın bir kendi kendisiyle çelişmesi ortaya çıkar (Kant 1905:293).

Bu noktada Kant, anlama yetisi ile akıl ayrımı yaparak, soruna bu ayrım çerçevesinde bakmaya çalışır. Ona göre anlama yetisi, duyusal tasarımları kurallar altına koyarak, bunları bir bilinçte birleştirmeye yarayan kavramları oluşturur. Oysa akıl, gerçeklik dünyasında hiçbir karşılığı olmayan "ide" leri yaratma ve meydana getirme yetisidir. Dolayısıyla ide "deney olanağını aşan bir akıl kavramı" (Kant 1905:308) dır. Ancak akıl bu ideleri ile hiçbir bilgi elde edemez; çünkü saf akıl hiçbir zaman nesnelerle bağlantı kuramaz. Saf akıl ancak bu nesneler üzerindeki anlama yetisi kavramlarıyla bağlantı içindedir. Kant'a göre saf aklın üç temel idesi vardır: Tanrı, ölümsüzlük ve özgürlük ideleri.

Bu idelerden Kant en çok özgürlük idesi üzerinde durur. Çünkü özgürlük idesi, duyular dünya ile düşünülür dünyanın birbiriyle nasıl birleştiğini gösterir ki, bu da Kant felsefesi için hayatî bir öneme sahiptir. Ona göre, duyular dünyasında olup biten her şeyin zaman bakımından kendisinden önce gelen bir nedeni vardır, bu nedenin de bir başka nedeni ve bu böylece uzayıp gider. Dolayısıyla duyular dünyasında kendiliğinden harekete geçen hiçbir eylem olamaz; çünkü duyular dünyasında doğa nedenselliği geçerlidir.

Ancak Kant'a göre, doğa olayları için geçerli olan bu nedensellik, evrendeki bütün olayları açıklayacak tek nedensellik olamaz; öyle olaylar vardır ki, bunlar için "özgürlükten gelen nedenselliğin" göz önüne alınması gerekir. Etkisine görünüşler alanında rastlanmakla birlikte, kendisi görünüş olmayan bir nedensellik düşünülebilir. Kant'a göre, bu iki çeşit nedensellik bir arada bulunabilir. Bir yandan özgürlüğün nedenselliği, düşünülür alanda (noumenon); diğer yandan doğa nedenselliği derken de Kant'ın göz önünde bulundurduğu bir nedenler dizisi başlatan ilk nedendir. Bu da iki çeşittir: 1. Evrende nedenler zincirinin kendisiyle başladığı bir ilk neden vardır ve bu ilk nedenin artık başka bir nedeni olmadığından, özgür bir nedendir. 2. Bu evrendeki olayların dizisi içinde başlatıcı neden olarak ortaya çıkan özgür nedenler. Bununla da Kant'ın göz önünde bulundurduğu insanın bir olanağıdır. Doğa nedenselliği yasasının dışında bazı şeyleri yapabilmesi, insanın yalnızca bir doğa varlığı olmaktan çıkarır ve onu nedenler dizisini kendiliğinden başlatabilen özgür bir varlık yapar. Bununla da Kant "isteme özgürlüğü" kavramına ulaşır. Eğer nedenler dizisini kendiliğinden başlatabilme özelliğine sahip özgür bir varlığın olmadığı düşünülürse, her şeyin zorunlu nedensellik yasaları ile belirlenmiş olduğu bir dünyada, ahlâk buyrukları konamazdı. Dolayısıyla istemesi özgür olmayan bir varlıktan bu buyruklara –ahlâk buyruklarına- uyması beklenemezdi. Bu nedenle Kant'a göre, özgürlük ancak ahlâksal bakımdan temellendirilir (Kant 1982:65).

Kant, pozitif özgürlük olarak nitelendirdiği bu ikinci anlamda özgürlüğü de, Ahlâk Metafiziğinin Temellendirilmesi'nin üçüncü bölümünde ele alır. Kant burada ilkin, özgürlüğün doğadaki zorunluluktan bağımsız olmak olduğunu söylemekle negatif bir belirleme getirir. Ona göre doğadaki nesneler etkileri kendilerine yabancı nedenlerle belirlenir; oysa akıl sahibi bir varlığın istemesini niteliği özgürlük olan bir nedensellik belirler. Bu demektir ki, o durumda isteme kendisini belirleyebilecek olan yabancı nedenlerden bağımsızdır (Kant 1982:64).

Bu belirleme, Kant'ın kendisinin de belirttiği gibi, negatif, bundan dolayı da verimsizdir. Ancak ona göre, özgürlüğün bu negatif belireniminden özgürlüğün pozitif bir kavramı çıkar ki, bu bir o kadar verimlidir. Bundan hareketle de Kant, özgürlüğün bu pozitif kavramını belirlemeye çalışır (Kant 1982:64).

Ona göre "her etki, ancak etkide bulunan nedenin başka bir şey tarafından nedenselliğe belirlenmesi yasasına göre olanaklıdır" (Kant 1982:65). İsteme bütün doğa yasalarından bağımsız olarak düşünüldüğünden, özgür bir isteme ancak, etki yapan bir şey olarak, yani neden olarak düşünülebilir. Bu da istemenin kendi kendisine yasa olması demektir. Böylece "istemenin özgürlüğü varsayılırsa, ahlâklılık, ilkesi ile birlikte, bu özgürlük kavramının sırf çözümlenmesinden sonuç olarak çıkar" (Kant 1982:65).

Kant'a göre, istemenin özgürlüğü deneysel olarak kanıtlanamaz. Çünkü istemenin özgürlüğü, genel olarak akıl sahibi ve bir isteme ile donatılmış varlıkların etkinliğine ait bir şey olduğundan, ancak a priori olarak kanıtlanabilir. Kant bunu a priori olarak, Pratik Aklın Eleştirisi'nde kanıtlar. Ahlâk Metafiziğinin Temellendirilmesi'nde ise Kant, özgürlük kavramının a priori bir kavram olduğunu dile getirmekle, yalnızca aklı ve istemesi olan bütün varlıkların istemesine özgürlük yüklenebileceğini öne sürmekle yetinir. Buna göre de "ancak özgürlük idesi altında eylemde bulunabilen her varlık, tam bundan dolayı, pratik açıdan gerçekten özgürdür" (Kant 1982:66).

Kant sorunu bir de ters yönden ele alarak şöyle sorar: Kendimizi özgür olarak etki yapan bir neden olarak düşünecek yerde, bir başka açıdan bakarak, kendimizi özgür olmayan, eylemlerini doğa zorunluluğu içinde yapmak zorunda olan bir varlık olarak düşünemez miyiz? Ona göre gerçekten insan kendini özgür ve kendi kendine etki yapabilen bir varlık olarak gördüğünde, kendini akılla kavranan bir dünyanın üyesi olarak göz önüne alır; oysa buna karşılık kendini özgür olmayan bir doğa ürünü olarak ele aldığında, kendini duyulur bir dünyanın üyesi olarak görecektir. Ancak akılla kavranan düşünülür dünya, duyular dünyasının temelinde olduğundan, dolayısıyla onun yasalarını da içerdiğinden, her ne kadar kendimizi duyular dünyasına ait bir varlık olarak bilsek de, düşünülür dünyanın yasalarını içeren aklın yasalarına, bundan dolayı da istemenin özgürlüğüne bağlı bileceğiz. Böylece de özgürlük idesi bizi düşünülür bir dünyanın üyesi yaptığından, ödevden dolayı eylemde bulunmak olanaklıdır. Bununla birlikte yalnızca düşünülür bir dünyanın üyesi olsaydık, bütün eylemlerimiz her zaman istememize uygun olur; ama kendimizi aynı zamanda duyular dünyasının üyesinin olarak gördüğümüzden, eylemlerimizin ona uyması gerekir. Bu gereklilik ise, her ahlâksal yargılamanın koşuludur. Dolayısıyla bütün insanlar istemeleri bakımından kendilerini özgür olarak düşündüğünden, ahlâksal eylemler üzerindeki her yargı da şu şekilde olur: "şöyle şöyle... olmalıydı, şöyle şöyle... olmamış olsa bile" (Kant 1982:74).

Böylece Kant, bir yandan teorik felsefesinde, evrende nedenler zincirinin kendisiyle başladığı bir ilk nedenin varolması gerektiğini ve bu ilk nedenin artık başka bir nedeni olmadığından özgür bir neden olduğunu söylemekle, transsendental özgürlük kavramına; diğer yandan pratik felsefesinde, deneyde hiçbir zaman gösterilemeyen bir ilk, özgür nedenin akıllı varlığa (insana) uygulanabileceğini söylemekle, pozitif özgürlük kavramına ulaşır. Ancak ona göre, özgürlüğün bir gerçekliğinin olup olmadığı teorik yoldan kanıtlanamaz; çünkü teorik akıl bu kavramı, ancak sorunlu bir biçimde, düşünülmesi olanaksız olmayan bir kavram olarak ortaya koyar, ama ona nesnel gerçekliğini sağlayamaz. Bundan dolayı da Kant'a göre, özgürlüğün nesnel gerçekliği ancak pratik yoldan sağlanabilir.

4. Ahlâk Yasası

Kant'ın etik görüşüyle ulaşmak istediği temel amaç, bütün akıl sahibi varlıkların eylemlerinin ahlâksal değerini belirleyebilecek nitelikte olan bir yasa ortaya koymaktır. Bu amaçla da, etik görüşünün başlangıcında ortaya koyduğu kavramlarla (iyi isteme, ödev, özgürlük kavramlarıyla) bir hazırlık yapar. Bu noktada da, ortaya koyduğu son kavramı pozitif özgürlük kavramıdır.

Kant'a göre, teorik aklın bütün ideleri (özgürlük, Tanrı ve ölümsüzlük ideleri) içinde, doğrudan kavranamazsa da olanaklılığı a priori olarak bilinebilecek olan tek ide özgürlük idesidir; çünkü bu ide ahlâk yasası yoluyla kendini ortaya koyar. "Özgürlük ahlâk yasasının koşuludur" (Kant 1994:4). Ancak Kant, özgürlüğün ahlâk yasasının koşulu olduğunu söylemekle özgürlük idesinin ahlâk yasası ile kendini ortaya koyduğunu söylemek arasında bir tutarsızlık yok diyor. Ona göre, özgürlük ahlâk yasasının "ratio esendi"si (varlık nedeni), ahlâk yasası ise özgürlüğün "ratio cognoscendi"si (bilme nedeni) dir. Bununla da şunu dile getirmeye çalışır Kant: Negatif anlamda özgürlük olmasaydı, ahlâk yasası olmazdı; ancak ahlâk yasası da olmasa, özgürlüğün bilincine varılamazdı. Bundan sonra Kant, sorunu anlaşılır kılmak için, ahlâk yasasının nasıl bir yasa olduğunu, dolayısıyla bu yasayı nasıl ortaya koyduğunu gösterir.

a. Ahlâk Yasasının Anlamı

Kant'a göre, bir eylemin ahlâksal değerini belirleyecek olan yasanın istemeyi doğrudan doğruya belirlemesi gerekir. Bu da arkasından şöyle bir soruyu birlikte getirir: İyi isteme olması için, istemeyi doğrudan doğruya, yani ondan beklenen etkiyi dikkate almadan belirleyecek olan yasa nasıl bir yapıdadır? (Kant 1982:17).

Ona göre "yalnızca akıl sahibi bir varlığın, yasaların tasarımına göre, yani ilkelere göre eylemde bulunma yetisi ya da istemesi vardır" (Kant 1982:29). Bu da şu demektir: Yalnızca akıl sahibi bir varlığın istemesi özgürdür. Yasalardan eylemleri türetmek için akıl gerekli olduğundan, isteme pratik akıldan başka bir şey değildir. Öyleyse isteme, ilkelere göre (yasaların tasarımına göre) eyleyen yeti olarak açıklanabilir. Yasadan başka bir şeyi istemeyen bir isteme düşünülebilir; böyle bir istemede ise zorunluluk ve özgürlük bir ve aynı şeydir ve ancak böyle bir isteme kendi başına doğrudan doğruya iyi olan bir istemedir.

Ama akıl sahibi bir varlık olarak insan, bir yanıyla duyular dünyasına, diğer yanıyla da düşünülür dünyaya bağlı olduğundan, böyle bir varlığın istemesi yasalara uygun olarak da belirlenebilir, yasalara karşı olarak da; çünkü isteme bu durumda başka türlü de karar verebilir. Ancak "düşünülür dünya duyular dünyasının temelinde olduğundan, dolayısıyla yasalarını da içerdiğinden" (Kant 1982:72), öncelikle akıl sahibi bir varlık olarak insan, her ne kadar kendisini düşünülür dünyada bilse de, diğer yanıyla da duyular dünyasına bağlı olduğundan, eylemlerinin ona uyması gerekir. Bu gereklilik ise, içinde zorlama olmayan bir zorunluluktur. Bu zorunluluk, istemeyi zorlamayan, ama ona yükümlülük getiren, onun yasaya uymasını gerekli kılan bir zorunluluktur.

Ama akıl sahibi bir varlık olarak insan, bir yanıyla duyular dünyasına, diğer yanıyla da düşünülür dünyaya bağlı olduğundan, böyle bir varlığın istemesi yasalara uygun olarak da belirlenebilir, yasalara karşı olarak da; çünkü isteme bu durumda başka türlü de karar verebilir. Ancak "düşünülür dünya duyular dünyasının temelinde olduğundan, dolayısıyla yasalarını da içerdiğinden" (Kant 1982:72), öncelikle akıl sahibi bir varlık olarak insan, her ne kadar kendisini düşünülür dünyada bilse de, diğer yanıyla da duyular dünyasına bağlı olduğundan, eylemlerinin ona ayması gerekir. Bu gereklilik ise, içinde zorlama olmayan bir zorunluluktur. Bu zorunluluk, istemeyi zorlamayan, ama ona yükümlülük getiren, onun yasaya uymasını gerekli kılan bir zorunluluktur.

Kant "isteme için zorlayıcı olduğu ölçüde nesnel bir ilkenin tasarımına emir (aklın emri), bu emrin formülüne de buyruk" (Kant 1982:29) der. Ona göre bütün buyruklar, ya koşullu olarak ya da kesin olarak buyururlar. "Eğer eylem sırf başka bir şey için –araç olarak- iyi olacaksa, buyruk koşullu olur; kendi başına iyi, dolayısıyla kendiliğinden akla uygun olan bir istemenin ilkesi olarak zorunlu olduğu tasarımlanırsa, o zaman kesindir" (Kant 1982:31).

Bir eylem belli bir amaca ulaştıran araç olarak yararlıdır, ama ancak kendi başına amaç olacaksa gerçek anlamında iyidir. Öyleyse pratik yasaların konusu ya yararlı eylemlerdir ya da "iyi" eylemlerdir Yararlı eylemi isteyen buyruklar amaçla belirlenmiştir. Bundan dolayı bu buyruk koşullu (hypothetik) dur. İyi eylemin buyruğu ise herhangi bir koşuldan bağımsızdır, hangi durumda olursa olsun mutlak olarak geçerlidir. Bu buyruğa ise Kant, "koşulsuz" (kadegorik) buyruk der.

Kant'a göre, koşullu buyrukların hepsi deneysel olduğundan pratik yasalar sağlamazlar. Onun ifadesiyle "arzulama yetisinin bir nesnesini (içeriğini), istemeyi belirleyen neden olarak varsayan bütün pratik ilkeler, istisnasız olarak deneyseldirler ve pratik yasalar sağlayamazlar" (Kant 1994:23). Koşulsuz buyrukta aksine, koşul olarak herhangi bir isteme nesnesi ortaya sürülmemiştir. Koşulsuz buyruk, doğrudan doğruya istemedeki maksimin genel bir yasaya uygun olmasını dile getirir. Öyleyse bu buyruk anlamını, doğrudan doğruya, hiçbir şeye bağlanmadan kendisi verir. Buna göre koşulsuz buyruk yalnızca tek bir buyruktur, o da şu şekilde dile getirilebilir: "Ancak, aynı zamanda genel bir yasa olmasını isteyebileceğin maksime göre eylemde bulun" (Kant 1982:38). Bu buyruğu başka bir şekilde şöyle dile getirir Kant:

Öyle eyle ki, senin istemenin maksimi, hep aynı zamanda genel bir yasamanın ilkesi olarak da geçerli olabilsin (Kant 1994:35).

Böylece Kant, ödevden dolayı eylemde bulunabilmenin olanaklı olduğunu isteme özgürlüğü kavramı ile kanıtladıktan sonra, bütün ödev buyruklarının bu tek koşulsuz buyruktan türetmek gerektiğini söyler. Çünkü ona göre:

Bütün ödev buyrukları, kendi ilkelerinden türetilircesine, bu tek buyruktan türetilebilirse; ödev denen şeyin büsbütün boş bir kavram olup olmadığını belirsiz bıraksak da, hiç olmazsa bununla neyi düşündüğümüzü ve bu kavramın ne demek istediğini gösterebiliriz (Kant 1982:38).

Kant bunu göstermek için de bir dizi örnek verir.

1. Bir dizi felaketler yüzünden umutsuzluğa düşerek yaşamını sürdürmeyi lüzumsuz bulan bir insanın bundan dolayı yaşamına son vermeyi düşünmesi ödeve aykırı mıdır, değil midir? Bu kişinin eyleminin öznel ilkesi (maksimi) genel bir doğa yasası olabilir mi? Doğanın yasası yaşamanın sürdürülmesi olduğunda, yaşamayı ortadan kaldırmak bu sürdürmeyle çatışır ve kendi kendisini yok eder. Bu nedenle bu ilke genel bir yasa olarak kabul edilemez ve ödev ilkesiyle çelişir.

2. Başka birisi sıkıntı içinde kalarak borç para almayı düşünür, ama borcunu ödeyemeyeceğini de bilir. Ancak, belli bir zamanda ödeyeceğine söz vermezse parayı alamayacağını da görür. Bu durumda yerine getiremeyeceğini bildiği sözü vermeli mi? Kant'a göre ben sevgisinin ya da kendi çıkarının bu ilkesi genel bir yasa yapılırsa, gerçi bu kişinin

gelecekteki esenliğiyle belki bağdaşır, ancak bu durumda şu sorunun sorulması gerekir: Bu, genel geçer bir yasa olarak geçerli olabilir mi? Burada hemen görülür ki, bu maksim hiçbir zaman genel bir yasa olarak geçerli olamaz; çünkü tam genelliğinde kendisiyle çelişir.

3. Bir üçüncüsü kendisinde, kendini her türlü işe yarayacak bir insan haline getirebilecek bir yetenek bulur. Ama bu doğal yeteneğini geliştirmeye çalışacak yerde, rahatlık içinde kendini eğlenceye vermeyi yeğ tutar. Ama doğal yeteneğini harcayıp kendini eğlenceye vermenin ödev denilen şeyle uyuşup uyuşmadığını kendine soracak olursa, genel bir yasa olarak böyle bir ilkenin var olması olanaklı bile olsa, bunun genel bir doğa yasası olmasını istemeyeceğini görür. Çünkü Kant'a göre, her akıl sahibi varlık, kendisinde olan bütün yeteneklerinin geliştirilmesini zorunlu olarak ister. Çünkü bu yetenekler onun her çeşit olanaklı amaçları için verilmiştir ve yararlıdırlar.

4. İşi iyi giden bir dördüncü kişi, kendisine yardım edebileceği bir başkasının büyük bir sıkıntıda olduğunu görür, ama "bana ne" der. Gerçi Kant'a göre böyle bir düşünme tarzı genel bir doğa yasası olarak geçerli olmasa da, insan soyu pekâlâ varlığını sürdürebilir. Ama bu maksime göre genel bir doğa yasası olması pekâlâ olanaklı olduğu halde, böyle bir ilkenin doğa yasası olarak her yerde geçerli olmasını istemek, yine de olanaksızdır. Çünkü buna karar veren bir isteme kendi kendisiyle çelişmeye düşer. Kişi, başkalarının sevgi ve yardımlarına gereksinme duyduğu durumlara girdiğinde, kendi istemesinden çıkan doğa yasasının kendinde her türlü umudu ortadan kaldırdığını görür.

Kant'a göre bu örneklerden de şu ilke açık olarak ortaya çıkar:

Eylemimizin bir maksiminin genel bir yasa olmasını isteyebilmemiz gerekir; bu, genel olarak onu ahlâksal yargılamamızın kuralıdır (Kant 1982:41).

Kant, koşulsuz buyruğun anlamını iyice açıklamak için temel formülünden hareketle soruna yeni bir bakış açısı getirir. "Eylemlerini, genel yasalar olarak kullanılmasını isteyebilecek maksimlere göre hep yargılamak, bütün akıl sahibi varlıkları için zorunlu bir yasa mıdır?" (Kant 1982:44). Kant'a göre bu böyle ise, yasanın tamamen a priori olarak, akıl sahibi bir varlığın kavramına bağlı olması gerekir. Eğer amaç öznenin rastlantısal özelliklerine, yani eğilimlerine bağlı ise, buradaki amaçlar (içerikli amaçlar) ın hepsi görelidir; çünkü eğilimler doğrudan doğruya öznenin arzulama yetisiyle ilgilidirler. Bundan dolayı da bütün akıl sahibi varlıklar ve isteme için geçerli ve zorunlu pratik yasalar sağlamazlar. Böyle amaçlar ise ancak koşullu buyrukların nedeni olabilirler. Yasa ise "mutlak değeri" olan bir şey olmalıdır. Böylece yasanın, tek tek öznelerin rastlantısal özelliklerine bağlı olmadan "kendi başına bir amaç" olarak ortaya konması gerekir. Bu ise ancak buyruk koşulsuz olduğunda söz konusudur. Bu nedenle Kant'a göre:

İnsan ve genel olarak her akıl sahibi varlık, şu veya bu isteme için rastgele kullanılacak sırf bir araç olarak değil, kendi amaç olarak vardır; ve gerek kendine gerekse başka akıl sahibi varlıklara yönelen bütün eylemlerinde hep aynı zamanda amaç olarak görülmelidir (Kant 1982:45).

Bunun dışında her şeyin göreli bir değeri vardır. İnsanın dışında her şey "eşya" dır ve yalnızca bir araç olarak kullanılabilir. Yalnız kişilerin mutlak değeri vardır; kişilere araç olarak kullanılamaz. "Oysa her türlü değer koşullu, dolayısıyla rastlantısal olsaydı, akıl için en yüksek bir pratik ilke, ne olursa olsun bulunamazdı" (Kant 1982:46).

Kant, "pratik buyruk" olarak adlandırdığı bu buyruğu da daha önce verilmiş olan örnekler üzerinde açıklar. İlkin kendisini öldürmeye kalkan bir kimsenin, bu davranışının kendi başına amaç olan insanlık idesiyle bağdaşıp bağdaşamayacağını kendine sorması gerekir. Güç bir durumdan kurtulmak için kendini öldürüyorsa, kişiliğini daha iyi bir yaşam için yalnızca bir araç olarak göz önünde tutuyor demektir. Oysa insan bir "şey" değildir, yalnızca bir araç olarak görülemez. Öyleyse insan kendi kişiliğinde bile insanı yok edemez, öldüremez.

İkinci örnekte de başkalarına yalan yere söz veren kimse başkasını bir araç olarak kullanmış demektir.

Üçüncü örnekte ise, insanın ödeve uygun hareket etmiş olması için eylemlerinin kendi başına amaç olarak insanlık idesiyle çatışmamış olması yetmez, aynı zamanda bu amaçla bağdaşması gerekir. İnsanın daha yetkin olan yeteneklere ulaşması ise doğanın amacıdır. Bundan dolayı bu yetenekleri ihmal etmek, kendisi amaç olarak insanlığın korunmasıyla bağdaşabilir, ama bu amacın geliştirilmesiyle bağdaşamaz.

Başkalarına yardım edebilecek durumda olup da "bana ne" diyen kimse ile ilgili olan dördüncü örnekte ise şöyle bir açıklama getirir Kant: Bütün insanların sahip olduğu doğal amaç, kendi mutluluklarıdır. Kimse başkalarına mutlu olmada yardım etmese bile gerçi insanlık varlığını sürdürebilir; ama bu, kendi başına amaç olarak insanlık idesiyle uyuşmaz. Kendi başına amaç olan kişinin amacı, aynı zamanda benim de amacım olmalıdır (Kant 1982:48).

Bu noktada Kant, başlangıçta ortaya koyduğu ve "kesin buyruk" olarak adlandırdığı pratik ilkeyi ve bu ilkeden türettiği pratik buyruğu temele alarak bir ilke daha ortaya koyar. Ona göre istemenin genel yasa koymasıyla bağdaşmayan bütün maksimler reddedildiğinden isteme sadece yasaya bağımlı değil, kendisi yasayı koyan olarak da (kendini yaratıcı olarak gördüğü) yasaya bağlı görmelidir. Çünkü yasaya bağlı olan bir isteme, bu yasaya bir ilgi aracılığıyla da bağlı olabilir; ama en yüksek yasa koyucu olan isteme, herhangi bir ilgiye bağlı olamaz. "Çünkü böyle bağımlı bir isteme, genel bir yasa olarak geçerli olması koşuluyla, ben sevgisinin duyduğu ilgiyi sınırlayan başka bir yasayı gerektirecek" (Kant 1982:49) Yasalara boyun eğen birinde, bu yasa herhangi bir ilgi uyandırmış olabilir. O zaman "neden bu yasaya boyun eğeyim?" sorusuna kolaylıkla cevap verebilir. Ama o zaman ancak koşullu buyruklara ulaşır. Çünkü bunların yükümleyicilikleri koşul altındadır, özne kendisini çeken ya da zorlayan herhangi bir ilgiyle yasaya boyun eğmiştir. Bu da bir "heteronomi" (yaderlik), başkasının yasa koyması, "yabancı" bir yasa koymadır. Çünkü burada yasa öznenin dışında, ancak ilgi duydukça boyun eğeceği yabancı bir şeydir. Buna karşılık yasa koyan "autonom" (özerk) olan bir özne yasada yabancı bir şey görmez, aksine "kendinden" bir şey, kendi istediği bir şeyi görür. Dolayısıyla bu kimse yasaya boyun eğecektir, ama yasaya boyun eğmesi herhangi bir ilgiye bağlı olmayacaktır (Kant 1982:50).

Sonuçta da Kant, ortaya koyduğu bu ilkeyi pratik ilke ile birleştirerek şöyle bir genel ilke oluşturur: "İstemenin maksimleri aracılığıyla kendisini aynı zamanda genel yasa koyucu olarak görebilecek şekilde eylemde bulun" (Kant 1982:51). Bu ilkeye göre eylemin pratik zorunluluğu, yani ödev, duygulara, dürtülere, eğilimlere dayanmaz; "akıllı varlıkların birbiriyle ilişkilerine" dayanır. Bu ilişkiler içinde her akıl sahibi varlığın istemesi aynı zamanda yasa koyucu olarak görülmelidir, aksi takdirde akıl sahibi varlıklar kendinde bir amaç olarak düşünülemez. Dolayısıyla akıl, genel yasa koyucu olarak istemenin her maksimini başka istemelere bağlar, bunu da pratik bir neden ya da gelecekteki bir çıkar düşüncesiyle değil, kendisinin koyduğundan başka yasaya boyun eğmeyen akıl sahibi bir varlığın değerliliği idesine dayanarak yapar (Kant 1982:52).

b. Ahlâk Yasasının Biçimsel Niteliği

Kant'a göre istemenin iyi bir isteme olması için yasayla belirlenmiş olması gerekir. Dolayısıyla bundan sonra şu soruya cevap vermek gerekir: İstemenin iyi bir isteme olması için, bu yasanın nasıl bir niteliği olmalıdır? İstemenin iyi bir isteme olması, istemenin ulaşmaya çalıştığı şeye bağlı değildir. Belli bir amacı, istemeyi belirleyen neden olarak öne süren bütün pratik ilkeler deneyseldir ve pratik yasalar sağlamazlar. Çünkü böyle bir amaçta istemeyi belirleyen şey, a priori olarak değil, ancak deneyle bilinebilir. Böylece rastlantıyla belli bir amaca ulaşma isteği olan kimseler için de, ancak, koşullu buyruklar olan buyurtular geçerli olabilir. İsteme bir yasaya boyun eğmekten çıkabilecek olan bütün dürtülerden sıyrılınca da geriye "eylemin genel yasaya uygunluğundan başka bir şey kalmıyor" (Kant 1982:17).

Pratik bir yasa ancak biçimsel olabilir:

Akıl sahibi bir varlık, maksimlerini pratik yasalar olarak düşünecekse, bunları, ancak, istemenin, içeriği bakımından değil, sırf biçimi bakımından belirlenmesinin nedenini taşıyan ilkeler olarak düşünebilir (Kant 1994:30).

Pratik ilkenin içeriği, istemenin nesnesidir. Bu nesne istemeyi ya belirler ya da belirlemez. Belirlerse ve bunu istemeyi belirleyen haz ya da acı duygusuyla olan bağlantısına dayanarak yaparsa, istenen kural deneysel bir koşula bağlı olacaktır, bundan dolayı da pratik yasa olmayacaktır. Eğer istemeyi bütün içeriğinden sıyırırsak, geriye "genel bir yasa koymanın sırf biçiminden başka bir şey kalmaz" (Kant 1994:31). Öyleyse akıl sahibi bir varlık kendi öznel pratik ilkesini, yani maksimlerini ya aynı zamanda genel bir yasa olarak düşünmez, ya da bu yasanın ilkeyi genel bir yasa haline getiren sırf biçimini pratik yasa yapmayı kabul etmek zorundadır.

Bu düşüncesini aydınlatmak için Kant, ahlâk yasasının anlamını aydınlatmak için verdiği örneklere benzer bir örnek verir. Diyelim ki, servetini her emin yola başvurarak arttırmayı kendine maksim edinmiş bir kişi var. Öyle ki bu kişinin elinde, sahibi ölmüş ve kendisine yazılı hiçbir belge verilmemiş olan bir miktar emanet para var. Kant'a göre bu kişi buradaki maksiminin genel bir pratik yasa olarak geçerli olup olamayacağını kendi kendine sorduğunda, maksiminin genel bir pratik yasa olarak geçerli oluğunda şunu kabul etmiş olur: Herkes, onda bulunduğunu hiç kimsenin kanıtlayamayacağı bir emaneti inkâr edebilir. Oysa böyle bir ilkenin yasa olarak kendi kendini ortadan kaldıracağı açıktır. Çünkü böyle yapılırsa, emanet diye bir şey ortadan kalkar. Böylece istemenin pratikteki kendi kendisiyle çelişmesi, genel bir pratik yasa olmaya uygun bir belirleme nedeni olamaz (Kant 1994:31). Bu nedenle istemeyi belirleyen, sırf yasa koyucu biçim olmalıdır. Böylece de yasanın biçimsel oluşu, yasanın bütün ahlâk buyruklarına uygulanabilmesini sağlar.

Ama Kant'a göre, pratik yasanın biçimsel oluşu, bu yasayı isteyen maksimin tamamen içerikten yoksun olduğu anlamına gelmemelidir. Maksimin içeriği kalabilir, ama bu içerik maksimin koşulu olmamalıdır, yoksa maksim yasa olmaya elverişli olmaz. "Öyleyse, içeriği sınırlandıran bir yasanın yalnızca biçimi, aynı zamanda bu içeriği istemeye katmak için bir neden olmalıdır, ama bu içeriği varsaymamalıdır" (Kant 1994:39).

O zaman sorulması gereken soru şudur: Sırf biçimin belirlediği bir istemenin niteliği nedir? Kant'a göre yasanın biçimi ancak akılla tasarlanabileceğine, dolayısıyla duyuların nesnesi olmayacağına göre, görünüşler alanına bağlı olamaz; böylece doğanın ve doğa zorunluluğunun da dışındadır. İstemenin öznel ilkesini yasa haline getirecek sırf yasa koyma biçiminden başka bir şey de olamayacağına göre, böyle bir istemenin görünüşler dünyasının doğa yasalarından, yani nedensellik yasasından bağımsız olması gerekir. Böyle bir bağımsızlık da "tam anlamda, yani transsendental anlamda" özgürlüktür. Dolayısıyla "maksimin sırf yasa koyucu biçimi bir isteme için yasa görevini görebiliyorsa ancak, o isteme özgür bir istemedir" (Kant 1994:33). Böylece istemenin özgür olduğu varsayıldıktan sonra, geriye yalnızca özgür bir istemeyi belirleyen yasanın nasıl bir yasa olduğunu bulmak kalıyor.

Ona göre pratik yasanın içeriği, yani maksimin bir nesnesi ancak deneysel olarak verilebilir. Özgür bir isteme ise, duyular dünyasında yer alan deneysel koşullardan bağımsız da olsa, bir isteme olarak bir belirleyicisi olmalıdır. Öyleyse yasanın içeriğinden bağımsız olan bir istemenin yene de yasa içinde bir belirleyici nedeni olması gerekir. Bu yasa da yasanın içeriği dışında, yasa koyucu biçimden başka bir şey yoktur. Öyleyse "yasa koyucu biçim, maksimde taşındığı kadarıyla, istemeni bir belirlenme nedenini oluşturabilecek tek şeydir" (Kant 1994:33). Yani istemeyi belirleyen bütün içeriksel amaçlar duyular dünyasında yer aldığından, özgür bir istemeyi belirleyen neden de ancak biçimsel olabilir. Özgürlüğün kendisi ise her maksimin biçimsel koşulu olduğundan, özgürlüğün pratik yasa ile uyuşmasını sağlayan da ancak bu biçimsel koşuldur.

Öyleyse "içerikli (dolayısıyla deneysel) bir koşulu birlikte getiren pratik bir buyurtu hiçbir zaman pratik bir yasa sayılmamalıdır" (Kant

1994:39). Özgün olan saf istemenin yasası, istemeyi deneysel olandan bütünüyle başka bir alana çevirir ve onun dile getirdiği zorunluluk, doğa zorunluluğu olduğundan ancak "sırf bir yasanın olanaklılığının biçimsel koşullarından ibaret olabilir" (Kant 1994:39). Pratik kuralların bütün içerikleri öznel koşullara dayanırlar ve hepsi de insanın mutluluğu ilkesine yönelirler. Ahlâksal istemlerin de içeriksel bir nesnesi vardır. Ama bu içeriksel nesne hiçbir zaman maksimi belirleyen neden ve maksimin koşulu olamaz. Bunun için Kant'a göre, istemeyi belirleyen nedeni, kendi istemesini herkesin istemesi (genel yasa) yapabilen yasa koyucu biçimden başka bir yerde arayan etik görüşler, ahlâksal olanın özünü gerçek anlamıyla belirtemezler. Kant için ise, istemeyi belirleyen en yüksek neden olarak genel bir yasa koymanın sırf biçimi, saf aklın biçimsel pratik ilkesini, ahlâklılık ilkesi olarak kabul ettirebilecek tek olanaktır (Kant 1994:48).

c. Aklın Bir Olgusu Olarak Ahlâk Yasası

Ahlâk Metafiziğinin Temellendirilmesi'nde Kant, ahlâk yasasını özgürlük temeline oturtur, ama ahlâk yasasının bilincine vardıran özgürlüğün nasıl olanaklı olduğunun kavranamayacağına da işaret eder. Pratik Aklın Eleştirisi'nde de yine özgürlükle ahlâk yasasının karşılıklı bağlantısı başlıca sorundur Kant için. Bu eserinde yine özgürlük temeldedir. Kant'ın bu noktada cevap aradığı soru ise şudur: Koşulsuz pratik olanla ilgili bilgimiz nereden başlar? Özgürlükten mi, yoksa pratik yasadan mı? Ona göre bu bilgi özgürlükle başlayamaz; çünkü özgürlüğü ne doğrudan doğruya bilebiliriz, ne de deneyden çıkarabiliriz. Doğrudan doğruya bilemeyiz, çünkü özgürlüğün ilk kavramı negatiftir; deneyden de çıkaramayız, çünkü deney bize yalnızca görünüşler dünyasının yasalarını verir. Dolayısıyla "kendisini bize ilk gösteren, doğrudan doğruya bilincine vardığımız ahlâk yasasıdır" (Kant 1994:34). Bu noktada da Kant şu soruyu soracaktır: Ahlâk yasasının bilincine nasıl varıyoruz? Ona göre bu yasanın bilincine tıpkı saf teorik ilkelerin bilincine vardığımız gibi, aklın bu yasaları bize buyurmasındaki zorunluluğa dikkat etmekle ve karşımıza çıkardığı tüm deneysel koşulları ayıklamakla varabiliriz. Ama saf teorik ilkelerde doğa zorunluluğu geçerlidir; oysa ahlâk yasasında ahlâksal bir zorunluluk söz konusudur (Kant 1994:34).

Saf geometrinin, pratik önermeler olarak bir varsayımdan başka bir şeyi içermeyen koyutları vardır; bunlar da geometrinin, gerçek bir var olmayla ilgisi bulunan tek önermelerdir. Öyleyse, bunlar, istemenin sorunlu bir koşulu içinde geçen pratik kurallardır. Oysa pratik kural, mutlaka belli bir tarzda hareket etmek gerektiğini söyler. Öyleyse pratik kural zorunludur ve kesin bir pratik önerme olarak a priori tasarlanmıştır. İsteme de bu önerme ile doğrudan doğruya nesnel olarak belirlenir. "Çünkü burada kendi başına pratik olan saf akıl doğrudan doğruya yasa koyucudur" (Kant 1994:35). İsteme de deneysel koşullardan bağımsız saf bir isteme olarak, bundan böyle yasanın sırf biçimi ile belirlenmiş olarak düşünülür ve bu belirleme nedeni de bütün maksimlerin en yüksek koşulu olarak göz önüne alınır:

> *Genel yasa koymanın sırf sorunlu olan a priori düşüncesi, deneyden ve herhangi bir dış istemeden hiçbir şey almaksızın, bir yasa olarak koşulsuz bir biçimde buyurulmaktadır (Kant 1994:36).*

Ama bu bir eylemin buyurtusu olarak değil, maksimin biçimi bakımından a priori olarak belirleyen bir kuraldır. Böylece sırf ilkelerin öznel bir biçimi olan bir yasayı, yasanın nesnel biçimi aracılığıyla istemeyi belirleyen neden olarak düşünmek olanaksız değildir. Bu temel yasanın bilincine Kant "aklın bir olgusu" der; "çünkü istemenin kaçınılmaz olan, ama aynı zamanda deneysel ilkelere dayanmayan bir belirlemesine olgu" (Kant 1994:62) denir. Bu yasa bilinci ne saf ne de deneysel bir görüye dayanmayan "sentetik a priori bir önerme" olarak kendini bize kabul ettirir. Çünkü akıl sahibi bir varlık her ne kadar kendini düşünülür bir dünyanın üyesi olarak görse de, zorunlu olarak duyular dünyasına bağlıdır. Bu iki dünya arasındaki kesin bağlılık ise, ahlâk yasasının sentetik a priori bir önerme olduğunu kanıtlar.

Bu durumda Kant'a göre "saf akıl kendi başına pratiktir ve (insana) ahlâk yasası diye adlandığımız genel bir yasa verir" (Kant 1994:36). Aklın bu olgusu, yani pratik yasanın bilinci yadsınamaz. Bunu insanların eylemlerinin ahlâka uygun olup olmadığı üzerindeki yargılama biçimlerinde açıkça görebiliriz. İnsanlar kendi gerçekteki istemelerini, saf olan, yani doğrudan doğruya akılla belirlenen bir isteme idesiyle karıştırırlar. Ama bundan dolayı ahlâk yasasının nesnel gerçekliğinin kanıtlanmaya ihtiyacı yoktur. Ancak, ahlâk yasası kanıtlanamazsa da, özgürlüğün kanıtlanmasına yarar. Ahlâk yasası teorik olarak çözülemez bir soru olan özgür olup olmadığımız sorusunu evetlemekle, saf akla karşı da özgürlüğü haklı çıkarmış olur. Ahlâk yasası özgürlükle olan bir nedensellik yasası olduğundan, duyularüstü bir doğanın yasasıdır. Bu nedenle, sentetik a priori bir önerme olarak ahlâk yasası, ne saf ne de deneysel görüye dayandığından, ancak saf aklın bir olgusu olarak verilmiş olabilir (Kant 1994:36).

İkinci Bölüm

Kant'ın Etik Görüşünde Saygı Kavramı

Birinci Bölümde, Kant'ın etik görüşündeki temel kavramların genel bir serimlemesi yapıldıktan sonra (ki bu, aynı zamanda Kant'ın etik görüşünü ana hatlarıyla ortaya koymak da demektir), bu bölümde, çalışmanın asıl problemi olan saygı kavramı üzerinde durulacaktır. Ancak burada, Birinci Bölümde olduğu gibi, Kant'taki saygı kavramının bir serimlemesini yapmanın ötesinde, bu kavramın bir çözümlemesi yapılacaktır. Saygı kavramına ilişkin olarak yapılacak bu çözümlemede, en temelde, saygının etik bir değer olduğu görüşünden hareket edilecektir.

Etik tarihinde, hemen hemen her filozofun, etik görüşünü ortaya koyarken temele aldığı ide, erdemli kişi (etik kişi) idesidir. Etik kişi ise, çeşitli etik değerlere sahip olan kişidir. Etik kişi, dürüst, adil, güvenilir, özgür vb. olan kişidir. Etik değerler söz konusu olduğunda da, filozofların çoğunun açık bir şekilde dile getirmedikleri üstü kapalı bir ayrım söz konusudur.

Etik değerler en temelde iki gruba ayrılabilir. Etik değerlerin bir grubu ve en temelde olanı, kişinin kendisiyle ve başkalarıyla ilişkilerinde ortaya çıkan değerlerdir. Bu değerler, o kişiyi değerli kılan özellikleri, yani onun diğer kişilerden farkını (özgür, adil, dürüst vb. olmasından kaynaklanan farkını) oluşturan özellikleridir. Bu türden etik değerler, kişinin başkalarıyla ilişkilerinde gerçekleştirdiği eylemlerinde temelini bulan kendisiyle ilişkisinde oluşur. Kişinin kendisiyle ilişkisi, kişinin kendine ve başkalarına yönelik eylemlerini, kararlarını, yaşamına yön vermesini kapsayan bilgisel bir iç hesaplaşmasıdır. Bu nedenle, bu türden etik değerlerin yaşanabilmesinde ya da özelliklerin kazanılmasında önemli olan, kişinin kendiyle ilişkisindeki bu iç hesaplaşmasında temele aldığı etik bilgidir. Temele alınan etik bilgi de, ancak, "insanın değerliliği" idesinde temellendiği sürece, kişinin bu etik değerleri ya da özellikleri kazanması söz konusudur.

Diğer grup etik değerler ise, bir kişinin diğer bir kişiyle ilişkisinde yaşanan belirli özellikteki yaşantılardan oluşur. Bu tür etik değerlerin yaşanabilmesinin ana koşulu, iki etik kişinin (kişi özelliklerinden oluşan etik değerlere sahip olan, başkasında bu değerleri görebilen ve bu değerleriyle başkalarına etik değerlerin yaşanabilirliğinin olanaklarını gerçekleştirebilmelerinde yardımcı olan iki kişinin) yüz yüze gelmesidir. Başka bir deyişle, bu türden etik değerlerin ortaya çıkmasına temel olan ilişki, kendileriyle ilişkilerinde yukarıda sözü edilen hesaplaşmayı yapan iki etik kişinin birlikteliği olarak da görülebilir. Bu nedenle, bir etik kişinin diğer bir etik kişiyle ilişkisinde ortaya çıkan bu değerlerin temelinde hep, ilk türden etik değerler bulunur (Kuçuradi 1996:179).

Etik bir değer olan saygıya, bu ayrım çerçevesi içinde bakılabilir. Bu nedenle de, Kant'taki saygı kavramına ilişkin olarak aşağıda yapılacak olan çözümleme, öncelikle, Kant'ın saygıdan ne anladığını ve saygıyı etik görüşünün neresine koyduğunu göstermeyi gerektirir.

1. Ahlâk Yasasına Saygı Duygusu

Kant'ın etik görüşündeki önemli kavramlardan biri ödev kavramıdır. Bu nedenle, Kant'ın etiği, ödev etiği olarak da adlandırılır. Ödev ise, "ödevden dolayı" eylemde bulunmayı kapsar. Kant'ın eserlerinde, çoğu zaman ödevden dolayı eylemde bulunmak, yasaya saygıdan dolayı eylemde bulunmak olarak da dile getirilir. Ahlâk Metafiziğinin Temellendirilmesi'nde Kant, ödevi şöyle tanımlar: "Ödev, yasaya saygıdan dolayı yapılan eylemin zorunluluğudur" (Kant 1982:15). Ancak Kant, saygıya ilişkin olarak ortaya koyduğu görüşlerini, büyük ölçüde Pratik Aklın Eleştirisi'nin "Saf Aklın Güdüleri Üzerine" başlıklı bölümde ele alır. Ona göre eylemlerin ahlâksal değeri için temel olan şey, eylemlerin ortaya çıkaracağı şeye sevgi ve eğilimden dolayı yapılmasında değil, ödevden dolayı ve yasaya saygıdan dolayı yapılmasının zorunluluğundadır. İnsan için ve her akıl sahibi varlık için ahlâksal zorunluluk ise zorlayıcılıktır, yani yükümlülüktür ve bundan temelini bulan her eylemi, sevdiğimiz ya da sevmediğimiz bir davranış biçimi olarak değil, ödev olarak tasarımlamak gerekir (Kant 1994:90).

Kant'a göre kişinin istemesini ya eğilimler, ya da ahlâk yasası belirler. Eğilimlerin temelinde duyular, ahlâk yasasının temelinde ise saf akıl vardır. Ancak ona göre, eğilimleri bakımından her insanı mutlu edecek olan şeyler başka başka olduğundan, bu noktada bir yasa ya da tam bir birlik bulamayız; olsa olsa, amaçları bakımından, eğilimlerin belli bir derecede birleşmesi olanağı vardır. Dolayısıyla kişinin istemesini eğilimler belirliyorsa, o eylem gerçi yasalılık içerebilir, ama ahlâklılık içeremez. Kant'a göre eylemlerin yasalılık içermesi yanında ahlâklılık içermesi için, istemenin özgür olarak, yalnızca eğilimlerin etkisinden uzak olarak değil, aynı zamanda bu eğilimleri geri çevirerek ve yasaya aykırı olabildiği takdirde her türlü eğilimi engelleyerek, yalnızca ahlâk yasasıyla belirlenmesini sağlamak gerekir.

Buna bağlı olarak Kant iki ana eğilim türünden söz eder. Birisi, kişinin kendisi için her şeyin üstünde gelen bir iyi olmayı dilemesi şeklinde anlaşılabilecek olan ben sevgisi, diğerleri ise kendini beğenmişliktir. Kant'a göre mutlu olmak, zorunlu olarak her akıl sahibi varlığın arzusu olduğundan, dolayısıyla bu varlığın arzulama yetisini kaçınılmazcasına belirleyen bir neden olduğunda, saf pratik akıl ben sevgisini, ahlâk yasasına uygun olmak koşuluyla, yalnızca engeller. Oysa kendini beğenmişliğin ahlâk yasasına uygunluktan önce gelen bütün istemleri önemsiz ve geçersiz olduğundan ve yalnızca duyusallığa dayandığından, ahlâk yasası kendini beğenmişliği ben sevgisinde olduğu gibi, yalnızca engellemekle kalmaz, yerle bir eder, yani aynı zamanda kişiyi kendi gözünde küçük de düşürür. Böylece ahlâk yasası, eğilimleri engellediğinden, hatta kendini beğenmişliği yerle bir etiğinden, yani kişiyi kendi gözünde küçük düşürdüğünden, en büyük saygının konusudur (Kant 1994:81).

Ayrıca her türlü eğilim duyguda temelini bulduğundan, eğilimlerin engellenmesinden meydana gelen duygu üzerindeki olumsuz etkinin kendisi de duygu olacağından, Kant, saygıyı bir duygu olarak nitelendirir ve bu duyguya "ahlâk yasasına saygıyı duygusu" der. Ona göre bu duygu, ahlâk yasasından önce gelen bir duygu değildir; aksine ahlâk yasasının eğilimleri engellemesiyle ortaya çıkan bir duygu olduğundan, tutkusal olarak nitelendirilen diğer bütün duygulardan ayrıdır. Dolayısıyla ahlâk yasasına saygı duygusu, deneysel kaynaklı olmayan, düşünsel bir nedenin uyandırdığız bir duygu olduğunda, a priori olarak bilinebilecek ve zorunluluğu doğrudan kavranacak olan tek duygudur (Kant, 1994:82).

Böylece Kant'ta bir kişinin ahlâk yasasına göre eylemde bulunmasında, kişinin kendiyle ve başkalarıyla ilişkisinde, ahlâk yasasına uygunluktan önce gelebilecek olan bütün eğilimlerini engellemesi söz konusudur. Bu da kişi için belli bir çabayı gerektirir. Çünkü Kant'a göre "insanın her defasında içinde bulunabileceği ahlâksal durum erdemdir, yani çatışma halindeki ahlâksal niyettir" (Kant 1994:93). Kişin kendiyle ve başkalarıyla ilişkisindeki bu çabalaması sonucunda, kişinin özgür istemesi ahlâk yasası tarafından doğrudan doğruya belirlendiğinde ve sık sık bu belirleme nedenine uygun davrandığında, "içindeki ahlâk yasasına", dolayısıyla bu yasanın öznesi olan insana ve özelinde de kendine saygı duyar. Kişi için bu durumda en önemli olan şey, kendi gözünde değersiz ve aşağılık bir insan olarak görünmemektir. Çünkü kişi o andan itibaren yaşamını eğilimden dolayı değil, ödevden dolayı sürdürmeye başlamıştır ve bir insan olarak, her durumda, kendisine ve diğer insanlara karşı yerine getirmesi gerektiğini düşündüğü ödevlerinin olduğunun bilincine varmıştır. Dolayısıyla bu ödevlerini sırf eğilimlerinden dolayı yerine getirmediğinde, o en çok korktuğu şey başına gelir: kendi gözünde küçük düşer. Kant'a göre bundan da şu sonuç çıkar:

> *Ahlâk yasası, doğal yapısının duyulara düşkünlüğünü ahlâk yasasıyla karşılaştıran her insanı kaçınılmaz olarak kendi gözünde küçük düşürür (Kant 1994:82).*

Öyleyse ahlâk yasası, öznel olarak da bir saygı nedenidir; çünkü öznenin duygusallığını etkiler ve yasanın istemeyi etkilemesini kolaylaştırıcı bir duygu uyandırır (Kant 1994:83).

Görüldüğü gibi, Kant'ta saygı en temelde bir duygudur; bu duygu ahlâk yasasına karşı duyulan bir duygu olduğu için de, Kant'ta ahlâk yasası ve saygı duygusu birbirine doğrudan bağlıdır, yani birbirini zorunlu olarak gerektirir. Ahlâk yasasına göre eylemde bulunan her akıl sahibi varlık zorunlulukla yasaya saygı duyulacaktır. Kant, ahlâk yasasıyla saygı duygusu arasındaki bu koparılamaz ilgiyi, yeni bir belirleme getirerek iyice pekiştirir. Ona göre ahlâk yasasına saygı duygusu, aynı zamanda ahlâksal bir "güdü" olan tek duygudur da.

2. Ahlaksal Bir Güdü Olarak Saygı Duygusu

Daha önce dile getirildiği gibi, Kant, saygı duygusuna ilişkin düşüncelerini, Pratik Aklın Eleştirisi'nin "Saf Pratik Aklın Güdüleri Üzerine" başlıklı bölümde ortaya koyar. Bu bölümde Kant, "ahlâk yasasının nasıl güdü haline geldiğini ve güdü haline geldiğinde, insanın arzulama yetisini belirleyen bu nedenin etkisiyle, bu yetiye neler olduğunu" (Kant 1994:80) belirlemeye çalışır. Bundan hareketle Kant, ahlâk yasasının bir güdü olduğu temeli üzerinde, bu güdünün akıl sahibi varlığın ruhsal yapısında ne gibi bir etkide bulunmak zorunda olduğunu a priori olarak gösterir.

Kant'a göre güdü, doğal yapısında dolayı, aklı nesnel yasaya (ahlâk yasasına) zorunlulukla uygun olmayan bir varlığın istemesinin öznel belirlenme nedenidir. Akıl sahibi bir varlık olarak insanın ve her akıl sahibi varlığın istemesinin güdüleri, hiçbir zaman ahlâk yasasından başka bir şey olamaz; bu nedenle, eğer eylem yasallık içermesinin yanında ahlâklılık da içerecekse, eylemin nesnel belirleme nedeni, aynı zamanda eylemin öznel belirleme nedeni olmalıdır. Ahlâksal niyetin güdüsü, her türlü duyusal koşuldan arınmış olmak zorunda olduğundan, bu güdüye kaynaklık eden duygu, ahlâk yasasına saygı duygusundan başka bir duygu olamaz. Çünkü ahlâk yasasının güdüsü, yalnızca, saf pratik aklın, ben sevgisi ve kendini beğenmişliğin bütün iddialarını yıkarak, yasaya saygınlık kazandırır ve ancak o zaman etkide bulunabilir.

Böylece ahlâk yasasına saygı duygusu, akıl tarafından meydana getirilen bir duygu olduğundan, eylemler konusunda yargıda bulunmaya ya da ahlâk yasasına temel sağlamaya yaramaz; yalnızca yasayı kendinde maksim haline getirmek için güdü olarak iş görür. Ancak Kant'a göre bu noktada dikkat edilmesi gereken şey şudur:

Saygı duygu üzerinde bir etki, dolayısıyla akıl sahibi bir varlığın duyusallığı üzerinde bir etki olduğuna göre, bu da duyusallığı, dolayısıyla ahlâk yasasının kendilerini saygı duymakla yükümlü kıldığı böyle varlıkların sonluluğunu varsayar ve en yüksek ya da her türlü duyusallıktan arınmış olan bir varlığın, dolayısıyla duyusallığın pratik akla engel de olamayacağı bir varlığın yasaya saygısından söz edilemez (Kant 1994:84).

Kant'a göre saygı, ahlâk yasasına karşı duyulan bir duygu olduğundan ve ahlâk yasasının öznesi de insan olduğundan, yalnızca kişilere yönelir, hiçbir zaman şeylere yönelmez. Çünkü saygı temelini saf akılda bulan a priori bur duygu olduğundan her zaman içindir; oysa tutkusal duygular aşkındır, dolayısıyla da her zaman şeylere yönelirler. Bir kişi, en sıradan insanda bile bir dürüstlük olduğunu fark ederse, istese de istemese de o dürüst kişiye saygı duymaktan kendini alamaz. Çünkü iyi olan her şey insanda her zaman eksiklik gösterir ve o dürüst kişinin eylemini kişi kendi eylemiyle karşılaştırdığında, kendini beğenmişliği yerle bir eden bir yasanın yasaya uygun eylemenin başarılabileceğini eylemde görmüş olur. Çünkü "bir kişiye duyulan bütün saygı, aslında, bize örneğini verdiği yasaya (dürüstlük yasasına vb.) saygıdır" (Kant 1982:17).

Kant'a göre ahlâk yasasına saygı duygusunun güdü olarak öznenin duyusallığında etkide bulunmasını sağlayan ana koşul, akıl sahibi varlığın sonlu olması ve dolayısıyla duyusallıktan yana koparamayacağı bağları olmasıdır. Çünkü ona göre, güdü kavramının temelinde "çıkar" kavramı vardır; dolayısıyla güdü kavramı ancak akıl sahibi varlıklara yüklenebilir. Akıl sahibi varlığın da iki tür çıkarı vardır: eğilimlerini giderme anlamındaki çıkarı ve düşünsel anlamdaki çıkarı, yani ahlâksal çıkarı. Ahlâk yasasına saygı güdüsü akıl tarafından tasarımlandığından, ahlâksal çıkar, duyulara bağlı olmayan bir çıkardır. Oysa eğilimleri giderme anlamındaki çıkar, duyulara bağlıdır, hep arzulama yetisinin bir nesnesine yöneliktir. Ahlâkça iyi bir istemenin güdüsü, öznenin duyusallığını etkilediğinde, insan başka bir çıkarı olmaksızın, yalnızca yasayla belirlendiğini görür ve ahlâksal çıkarının bilincine varır (Kant 1994:88).

Sonuçta Kant, saygıya ilişkin olarak şöyle bir genellemeye varır:

> *Doğal yapımızın yüceliğini, aynı zamanda davranışımızın bu yapıya uygunluğu bakımından gösterdiği eksikliği fark ettirmekle, böylece de kendini beğenmişliği yerle bir etmekle, gözlerimizin önüne seren bu saygı uyandıran kişilik idesi, en sıradan insan aklı için bile doğaldır ve kolayca fark edilir (Kant 1994:96).*

Bu sonuçla Kant, saygı duygusunun, sonlu ve dolayısıyla duyular dünyasının zorunlulukla bağlı olan akıl sahibi varlığın duyusallığında bir güdü olarak etkide bulunmasının en sıradan insan aklı için bile doğal bir sonuç olduğunu belirtmekle, saygı duygusunun ahlâk yasasına doğrudan bağlı olduğunu, bundan dolayı da yasaya doğrudan ilgi duyulmasını sağlayan tek duygunun saygı duygusu olduğunu ortaya koyar.

Sonuç

Kant'ta Kişinin Ahlâksal Eğitiminde Saygı Duygusu

Özgürlük ve saygı, Kant felsefesinde sahip oldukları yerden dolayı, Kant'ın etik görüşündeki yerleri itibarıyla da birbiriyle doğrudan ilişkisi olan birer etik değerdir.

Kant'a göre özgürlük, insanın sahip olduğu bir olanağa ilişkin olarak, insan aklının ürettiği bir idedir. İnsanın istemesini eğilimleri, çıkarları belirleyebileceği gibi, saf aklın ürünü olan ahlâk yasası da belirleyebilir. Ahlâk yasası ise insana şöyle buyurur: "Öyle eyle ki, senin istemenin maksimi, hep aynı zamanda genel bir yasamanın ilkesi olarak da geçerli olabilsin" (Kant 1994:35). Kant'a göre özgürlük ahlâk yasasının buyurduğu biçimde eylemde bulunmayı istemektir. Dolayısıyla Kant'ta özgürlük eylemlerin değil, istemelerin bir özelliği olarak ortaya çıkar. Her akıl sahibi varlık, ahlâk yasasının buyurduğu biçimde eylemde bulunma olanağına sahiptir, ama bu olanağı ancak bazı kişiler gerçekleştirebilir. Bu nedenle de ancak bu olanağı gerçekleştirebilen kişiler, özgür kişilerdir. Özgürlüğün insanlar için bir olanak olması, bu anlama geliyor Kant'ta.

Kant'a göre, istemenin içerikli bir yasaya boyun eğmesinden çıkabilecek olan bütün dürtüler bir kenara itildiğinde, geriye eylemin genel yasaya uygunluğundan başka bir şey kalmaz. Pratik bir yasa ancak biçimsel olabilir ki, bu özellik de ancak ahlâk yasasında vardır. İstemenin görünüşler dünyasının doğa yasalarından, yani nedensellik yasasında bağımsız olması ise bize negatif özgürlük kavramını verdiğinden, özgür istemeyi belirleyen neden de ancak biçimsel olan ahlâk yasası olabilir. Aynı zamanda ahlâk yasası, ben sevgisinin en yüksek pratik ilkeyi etkilemesini büsbütün olanaksız kılarak ve ben sevgisinin öznel koşullarını yasalara olarak kabul ettirmek isteyen kendini beğenmişliği engelleyerek, kişinin duyusallığını etkiler ve yasaya saygınlık kazandırır. Bu nedenle, ahlâk yasasına uygun biçimde eylemde bulunan özgür bir istemeye sahip olan kişi, aynı zamanda yasaya saygı duyan kişidir de.

Ahlâk yasası saf aklın bir ürünü olan yasadır. Başka bir deyişle, ahlâk yasası ancak kişinin kendiyle ilişkisinde -ki bu ilişki, yalnızca kişinin bilgisel bir etkinliğine dayanır- ortaya çıkabilecek bir yasadır. Özgür bir istemeye sahip olmakla ahlâk yasasına uygun biçimde eylemde bulunmak bir ve aynı şey olduğundan, özgürlük, kişinin kendiyle ilişkisinde ortaya çıkan, kişiye özgü etik bir değerdir. Bu nedenle Kant'a göre özgür olma, etik kişi olmanın onsuz olunamaz biricik temel koşuludur. Etik kişi, ahlâk yasasına göre eylemde bulunan, yani özgür olan kişidir.

Kant'ta etik kişinin en temeldeki etik değeri özgürlüktür. Saygı ise, yani ahlâk yasasına saygı duygusu, ahlâk yasasının istemeyi belirlemesi sonucunda "pratik bir etki" olarak ortaya çıktığından, ancak kişinin başka bir kişiyle ilişkisi sonucunda ortaya çıkan bir etik değerdir. Çünkü kişinin duyusallığına etkide bulunmak demek, onun duyular dünyasına ait olan yanına etkide bulunmak demektir. Bu da, ancak ahlâk yasasının bilincinde olan özgür bir kişinin, ahlâk yasasına uygun biçimde eylemde bulunan diğer bir özgür kişiyle ilişkisi sonucunda ortaya çıkar.

Kant'a göre kişi (ahlâk yasasının eylemleri belirleyebildiğini görebilecek gözü olan kişi), bir karakter dürüstlüğünü, ahlâk yasasına göre eylemde bulunan diğer bir kişinin eyleminde fark ederse, istese de istemese de o kişiye saygı duyacaktır. Çünkü kişi, o özgür kişinin eylemini kendi yapıp etmeleriyle karşılaştırdığında, kendini beğenmişliğini yıkan bir yasanın buyurduğunun yapılabilirliğini eylemle kanıtlamış olarak görür. Sonuçta ortaya çıkan şeyse, o kişiye, dolayısıyla ahlâk yasasına saygıdır.

Çünkü "bir kişiye duyulan bütün saygı, aslında, bize örneğini verdiği yasaya (dürüstlük yasasına vb.) saygıdır" (Kant 1982:17).

Görüldüğü gibi, Kant'ta özgürlük, kişinin kendiyle ilişkisi sonucunda ortaya çıkan en temeldeki etik değerken, saygı, özgür olan bir kişinin diğer bir özgür kişiyle ilişkisinde yaşanan bir etik değerdir. Etik bir kişinin diğer etik bir kişiyle ilişkisinde ortaya çıkan her etik değerin temelinde, kişinin kendiyle ilişkisinde ortaya çıkan değerler temel olduğundan, Kant'ta özgürlük ile saygı birbirlerine doğrudan bağlı olan etik değerlerdir.

Kant, saygı duygusunu, bir etik kişinin diğer bir etik kişiyle ilişkisinde yaşanan etik bir değer olduğunu belirledikten sonra, bu görüşünün günlük yaşamın önemli alanlarından birisi olan eğitim alanındaki sorunların çözümünde sahip olduğu yeri göstermeye çalışır. Bu konudaki düşüncelerini de, Pratik Aklın Eleştirisi'nin "Saf Pratik Aklın Metod Öğretisi" başlıklı bölümde ortaya koyar. Kant'ın bu bölümdeki temel amacı:

> *Saf pratik aklın yasalarının insanın ruhsal yapısına girmesinin ve onun maksimlerini etkilemesinin nasıl sağlanabileceğini, yani nesnel pratik aklın öznel olarak da nasıl pratik hale getirebileceğini (Kant 1994:164)*

belirlemektir. Bu amaçla da, saygı duygusunun ahlâksal bir güdü olarak kişinin duyusallığında yarattığı sonuçların, kişinin ahlâk eğitiminde ne gibi sonuçlar ortaya koyduğunu göstermeye çalışır.

Kant'a göre eğitim, ahlâksal niyeti örneklerle canlı bir biçimde serimlemekle, istemenin saflığına -saf olabildiğine- dikkati çekme işidir (Kant 1994:173). Ancak ona göre gençliği eğitenler, eğitimiyle sorumlu oldukları öğrencilerini ahlâksal iyinin yoluna sokmak için, her ne kadar eylemlerin ahlâksal içeriğinin farkına varma konusunda öğrencilerinin yargılamalarını harekete geçirmeye çalışsalar da, yanlış bir yol izlemektedirler. Çünkü hiçbir zaman çocukları coşturarak, onlarda heves uyandırarak, eylemleri soylu, büyük, övmeye değer diye nitelendirerek çocuğun ruhsal yapısına ulaşılamaz. "Eylemlere soyu, yüce, büyük diyerek, insanları onları yapmaya itelemek, ahlâksal yobazlıktan ve kendini beğenmişliği arttırmaktan başka bir şey değildir" (Kant 1994:93). Dolayısıyla eğitim bu şekilde yapıldığında, yalnızca çocukların birbiriyle yarıştıkları bir yargı gücü oyunu olarak kalır. Bundan dolayı gençliği eğitme sorumluluğunu üzerine alanlar, öğrencilerine fazla övülecek eylem örnekleri yerine, her şeyi yalnızca ödeve ve bir insanın kendisine kendi gözünde verebileceği ve vermesi gereken değeri, ödevinin aksini yapmamış olmasının bilincine bağlamalıdırlar. Böyle bir yol izlendiğinde ise, eğitmenler, henüz olgun olmayan çok genç insanların bile bu konuda çok kısa zamanda keskin bakışlı olduğunu ve yargı güçlerini geliştirmeye yatkın olduklarını göreceklerdir (Kant 1994:169).

Ona göre ahlâksal bir eğitimin amacı, insana kendi değerini duymayı öğretmek, onun duyular dünyasına ait bir varlık olmasının ötesinde düşünülür dünyaya da ait bir varlık olduğunu göstermektir. Bu da, ancak ahlâklılık insan kalbi üzerine saf ahlâksal güdüler olarak sunulursa olanaklıdır. Çünkü kişi ancak bu etkilenim sonucunda, muhakkak yerine getirmesi gerektiğine inandığı ödevini sırf eğilimlerinden dolayı yerine getirmediğinde kendini acı acı kınar ve düşünülür dünyanın yasası olan ahlâk yasasını kendinde bilinçlendirir. Bu nedenle, ahlâklılık ne kadar saf olarak sunulursa, onun insan kalbi üzerindeki gücü de o kadardır. Kişinin kendi mutluluğundan çıkan güdülerin her karışması, ahlâk yasasının insan kalbini etkilemesine bir engeldir (Kant 1994:169).

Kant'a göre, kişinin ahlâksal eğitiminde öncelikle yapılması gereken şey:

> *Ahlâk yasalarına göre yargıda bulunmayı, kendi eylemlerimizi olduğu kadar başkalarının da özgür eylemlerini gözlemlemeyi izleyen doğal bir uğraşı, adeta bir alışkanlık haline getirmek ve onu, önce eylemin nesnel olarak ahlâk yasasına uygun olup olmadığını, uygunsa hangisine uygun olduğunu sorarak keskinleştirmektir (Kant 1994:171).*

Sonra da, kişinin duyusallığı üzerinde saf pratik aklın güdülerinin, yani ahlâk yasasına saygı güdüsünün etkili olabilmesi için, ona, ahlâksal bakımdan iyi eylem örnekleri vererek, kişinin buna doğrudan ilgi duymasını sağlamak gerekir. Dolayısıyla kişi, doğal yeteneklerini geliştirmeyi ödev saydığından, örnek olarak gösterilen eylemi yapan kişide sanki bir yasanın örneğini görür ve onun gibi olmayı tasarlar (Kant 1982:17).

Bu düşüncelerde de görüldüğü gibi, Kant'ta bir kişinin ahlâksal olarak eğitilmesinin ana koşulu, ahlâk yasasına saygı duygusunun ahlâksal bir güdü olarak, bütün akıl sahibi varlıklarının duyusallığında etkide bulunabileceği kabulü ile olanaklıdır. Başka bir deyişle, saygı duygusunun ahlâksal güdü olarak kişinin duyusallığında etkide bulunabildiği kabul edilmeden, kişiye ahlâksal iyinin yoluna sokmak için ortaya konacak her türü çaba boşunadır.

Böylece denebilir ki, Kant'ın etik görüşünde saygı bir duygu olmakla birlikte, ahlâk yasasının istemeyi belirlemesi sonucunda ortaya çıkan bir duygu olduğundan, diğer bütün duygulardan ayrı olan, düşünsel bir nedenin uyandırdığı a priori olan tek duygudur. Ahlâk yasası istemeyi doğrudan belirlemek için duyguda temelini bulan her türlü eğilimi engellediğinden, dolayısıyla duygu üzerindeki bu olumsuz etkinin kendisi de duygu olacağından, Kant, pratik bir etki olarak ortaya çıkan bu ahlâk yasasına saygıyı bir duygu olarak nitelendirir. Kant'ın duygular arasında yaptığı bu ayırım doğrudan hesaba katılmadığı takdirde, Kant'ın saygıyı bir duygu olarak nitelendirmesi, sanki onun etik görüşündeki bir çelişkiymiş gibi gözükmesine yol açar. Ama bu çalışmada da gösterildiği gibi, Kant'ta saygı, ahlâk yasasının istemeyi belirlemesi sonucunda ortaya çıkan, ayrıca da kişinin ahlâksal olarak eğitilmesinin ana koşulu olan tek duygudur.

Kaynakça

Akarsu, Bedia. *Ahlâk Öğretileri I, II,* İstanbul: Remzi Kitabevi, 1982

Boutroux, Emile. *La Philosophie de Kant,* Paris, 1926

Combes, joseph. *L'idée critique chez Kant,* Paris, 1971

D'alquie, Ferdinand. *La Critique kantienne de da metaphysique,* Paris, 1968

Delbos, Victor. *La Philosophie pratique de Kant*, Paris, 1905

Goldmann, Lucien. *Kant Felsefesine Giriş* (Çev. Afşar Timuçin) İstanbul: Metis Yayınları, 1983

Gökberk, Macit. *Felsefe Tarihi*, İstanbul: Remzi Kitabevi, 1994

Heimsoeth, Heinz. *Immanuel Kant'ın Felsefesi,* (Çev. Takiyettin Mengüşoğlu) İstanbul: Remzi Kitabevi, 1986

Kant, Immanuel. *Critique de la raison pure,* Paris, 1905

Kant, Immanuel. *Critique du jugement,* Paris, 1928

Kant, Immanuel. *Ahlâk Metafiziğinin Temellendirilmesi,* (Çev. İoanna Kuçuradi) Ankara: Hacettepe Üniversitesi Yayınları, 1982

Kant, Immanuel. *Seçilmiş Yazılar,* (Çev. Nejat Bozkurt) İstanbul: Remzi Kitabevi, 1984

Kant, Immanuel. *Pratik Aklın Eleştirisi,* (Çev. İ. Kuçuradi, Ü. Gökberk, F. Akatlı) Ankara: Türkiye Felsefe Kurumu Yayınları, 1994

Kant, Immanuel. *Gelecekte Bilim Olarak Ortaya Çıkabilecek Her Metafiziğe Prolegomena,* (Çev. İoanna Kuçuradı, Yusuf Örnek) Ankara: Türkiye Felsefe Kurumu Yayınları, 1995

Kuçuradi, İoanna. *İnsan ve Değerleri,* İstanbul: Yankı Yayınları, 1971

Kuçuradi, İoanna. *Etik,* Ankara: Türkiye Felsefe Kurumu Yayınları, 1996

Lacroix, Jean. *Kant et le Kantisme,* Paris, 1966

Mengüşoğlu, Takiyettin. *Değişmez Değerler, Değişen Davranışlar,* İstanbul: İstanbul Üniversitesi Yayınları, 1965

Pıobetta, Stephane. *La Philosophie de l'histoire,* Paris, 1947

Tepe, Harun. *Etik ve Metaetik* Ankara: Türkiye Felsefe Kurumu Yayınları, 1992

Printed by Books on Demand GmbH, Norderstedt / Germany